부자 되는 경제일기

글 박진숙·조은주·김미경 | 그림 오경미

경제일기를 시작하며

'경제'라는 말을 들으면 어떤 느낌이 드나요? 딱딱하고 어렵게 느껴진다고요? 옛날에는 경제라는 것을 몰라도 잘 살 수 있었어요. 하지만 요즘은 '경제'라는 말을 어디서나 흔하게 듣는답니다. 경제는 우리들이 살아가는 생활 자체거든요.

돈이 경제의 전부는 아니랍니다. 또 경제를 어른들만 알아야 하는 것도 아니고요. 엄마 아빠가 열심히 일해서 돈을 버는 것은 물론이고, 우리가 문구점에 들러 연필을 사고, 엄마 심부름을 한 대가로 용돈을 받고, 은행에 저금을 하는 것도 모두 경제 활동이지요.

이렇게 한 사람 한 사람의 경제 활동이 모여, 나라 전체의 살림을 이루게 된답니다. 때론 나라의 살림 상태에 따라 우리 가족들이 힘들어질 때도 있고, 또는 아무런 걱정 없이 편하게 살기도 해요.

그래서 눈에 보이지는 않지만 우리에게 중요한 경제가 무언지 몹시 궁금해서 우리 가족은 〈경제일기〉를 쓰게 되었어요.

〈경제일기〉를 쓰면서 아이들은 그동안 학교 생활을 하면서, 또 어른들이 직업을 갖고 하게 되는 모든 경제 활동을 이해하게 되었답니다.

하지만 경제를 알았다고 금세 생활이 편해지거나 돈이 많아지는 것은 아니었어요. 오히려 해야 할 일들이 더 많아졌지요. 용돈기입장을 써야 했고, 좀 더 싸고 좋은 물건을 사기 위해 이것저것 따져 봐야 했어요. 또 사고 싶은 게 있더라도 꾹 참아야 할 때도 있었고, 어려운 사람을 돕기 위한 돈도 모아야 했거든요.

이렇게 하다 보니 경제가 쉬워지고 재미있어졌어요. 우리 가족은 앞으로도 계속 〈경제일기〉를 쓸 생각이에요. 경제는 끝이 없으니까요. '경제'가 궁금하세요?

그럼, 윤아네 가족이 즐겁게 쓴 《부자 되는 경제일기》의 막을 올리겠습니다.

윤아, 지범이 엄마 씀

우리 가족 소개

 ### 아빠 (정영경)

스포츠 의류 사업을 하는 작은 회사의 사장님. 사람들 만나기를 좋아하고, 술을 좋아해서 엄마에게 항상 걱정을 들음. 씻는 걸 귀찮아해서 세수도 안 하고 우리에게 뽀뽀를 하려 드는 게으름뱅이. '싸나이'를 외치지만 엄마 앞에선 꼼짝 못하는 순정파.

 ### 엄마 (조은주)

우리 집의 실질적인 대장. 잔소리쟁이. 낭비하는 걸 무지 싫어하는 알뜰 주부. 하지만 우리가 필요로 하는 건 언제든 마련해 주심(그중엔 사촌이 쓰던 것도 있음). 가끔 버려진 물건을 멋지게 바꿔 놓는 요술쟁이. 넓은 우리 집을 갖는 게 엄마의 내년 목표.

 ### 나 (정윤아)

초등학교 4학년. 내 일은 혼자서도 척척 잘하는 착하고, 성실한 딸! '똑순이', '달덩이'라고 불리기도 함. 책 읽기와 그림 그리기를 좋아하고, 가끔 컴퓨터 게임이나 친구들과 메일을 주고받기도 함. 나의 가장 큰 약점은 겁이 무지 많다는 것. 장래 희망은 선생님 또는 약사.

 ### 동생 (정지범)

초등학교 2학년. 잘난 척쟁이. 샘이 많고 내가 하려는 건 뭐든 따라 하는 흉내쟁이. 먹는 걸 좋아하는 건 나와 막상막하. 보는 것은 다 갖고 싶어 함. 어설픈 애교로 엄마 아빠의 귀여움을 독차지하려고 함. 하지만 내가 야단맞을 땐 내 편이 되어 주는 의리파.

부자 되는 경제일기

 # 결전의 날

　　3반 녀석들과 '서바이벌 게임'을 하기로 한 날이다. 무기는 물총! 지난번의 원수를 갚아 줄 테니 기다려라.

　　'그런데 물총이 다 망가져 버렸는데, 엄마가 사 주실까?' 역시 우리 엄마의 잔소리는 따를 자가 없다! '너는'으로 시작되는 잔소리는 '그러게 물건을 아껴 써야지.'로 끝났다. 괜히 말씀드린 것 같다.

　　아빠라면 같은 남자니까 내 맘을 아시겠지? 아뿔싸! 그런데 아빠의 대답도 '노우(NO)'다. 어쩌지?

　　정말 정말 싫지만 누나에게 돈을 빌리러 갔다. 그런데 지난번에 빌린 돈도 갚지 않았다고 오히려 내게 돈을 내놓으라고 야단이다. 불쌍한 지범이!

　　페트병 2개에 물을 담고 현관문을 나섰다. 아이들이 잘 싸울 수 있도록 나는 열심히 물이나 나르는 수밖에!

　　아빠의 웃음소리가 들려왔다.

　　"허허허, 우리 지범이 신용불량자가 되어 버렸구나!"

신용 불량자가 뭐예요?

친구들과 물총 놀이를 한다고 나갔던 지범이가 집에 돌아와서 시무룩해 있다.

"체! 모두들 너무해. 기영이 거 같은 물총만 있었어도 내가 다 이길 수 있었는데……."

녀석, 역시 물총 때문이었군. 그래도 저렇게 풀이 죽어 있다니…….

"지범아! 아빠랑 물총 사러 가자. 엄마한텐 비밀이다, 알았지?" 물총 얘기에 지범이 얼굴이 금세 환해졌다.

"그런데 아빠, 아까 신용불량자가 무슨 말이에요?"

"신용불량자란, 쉽게 말하면 약속을 잘 지키지 않은 사람이야. 어른이 되면 은행이나 신용 회사로부터 돈을 빌리는 일이 생기거든. 그런데 약속을 잘 지키지 않았던 사람들에겐 돈을 빌려 주지 않아. 아까 누나처럼 말이지. 그런 사람들을 '신용불량자'라고 하는 거야."

"그럼 신용불량자는 모두 나쁜 사람들이에요?"

"모두 나쁜 사람이라고 할 수는 없어. 피치 못할 사정으로 어쩔 수 없이 그렇게 된 사람들도 있으니까. 하지만 어쨌든 약속을 지키지 않았다는 건 잘못된 거지."

지범이 녀석, 내내 심각한 표정으로 듣고 있는 걸 보니, 무슨 말인지 알아들었나 보다. 이 정도면 앞으로는 지범이가 용돈을 함부로 쓴다고 아내가 걱정하는 일은 없겠지?

"에이, 그럼 전 신용불량자 아녜요! 어쨌든 아빠가 저한테 물총을 사 주시기로 하셨으니까, 절 믿는다는 거잖아요?"

이런!

 나도 스타가 되어 볼까?

얼마 전 전학 온 슬기는 참 예쁘다. 슬기는 '스타'다.
"엄마, 쟤가 우리 반 슬기야. 탤런트래!" 어린이 드라마를 보려고 텔레비전을 켰는데, 마침 슬기가 나왔다.
"어디 보자, 지범이가 좋아하는 아가씨가 누굴까? 와우! 지범이가 좋아할 만하다~" 엄마의 말에 어깨가 으쓱해졌다. "어머, 쟤는 나올 때마다 다른 옷이네! 저 많은 옷들을 다 사는 것 보면 집이 꽤 부자인가 본데?" 누나는 슬기보다 슬기가 입은 옷에 더 관심이 많은 것 같다.
"저 옷은 모두 사는 게 아니라, 옷을 만드는 회사에서 무료로 빌려 입은 거야. 그런 걸 '상품 협찬'이라고 하는데, 유명 연예인들을 통해서 상품을 선전하는 거지." 엄마가 말씀하셨다.
그럼 나도 스타가 되어 볼까? 옷도 공짜로 입고, 슬기랑 더 친해질 수도 있을 테고, 흐흐흐!
아빠는 이럴 때 '일석이조'라는 말을 쓰시던데!

지범이 씀

 2달러의 선물

"자, 선물!" 방학 동안 미국 여행을 다녀온 효수가 지폐 한 장을 내밀었다.

"우와~ 1달러짜리는 봤는데, 2달러짜리 지폐는 처음 봐. 신기하다!" 아이들이 우르르 몰려와서 구경하느라 법석을 떨었다.

"2달러짜리 지폐는 행운을 가져다 준다고 해서 구하기도 힘들어." 효수가 지폐를 가리키며 으스댔다.

"우리나라에서는 쓰지도 못하는 돈을 가지고 뭘 그렇게 야단이야? 촌스럽게!" 짝꿍 지희가 삐쭉거렸다.

"아니야, 은행에 가면 우리 돈으로 바꿔 줘. 1달러가 1천2백 원쯤 된다니까, 2천4백 원은 받을 수 있을걸?"

'2천4백 원이면 햄버거가 2개! 맛있겠다……'

"지범이 너, 설마 이 돈 바꿔서 쓰진 않겠지?"

"그, 그럼! 이걸 어떻게 써? 우리 우정으로 맹세해!"

햄버거 2개에 흔들린 내 맘을 효수가 눈치 챈 걸까? 미안해, 효수야!

지범이 씀

돈에 그려진 그림

지범이는 친구에게 2달러 지폐를 선물 받은 뒤부터 외국 돈에 관심을 보였다. 외국 출장을 자주 다녔던 아빠에게 외국 돈을 달라며 졸라댔다. 지금이라도 출장을 다녀오라고 등을 떼밀기까지 했다. 안 되겠다 싶어서 서랍을 뒤져 보니, 외국 동전이 제법 여러 개가 나왔다.

"지범아, 네가 좋아하는 외국 돈 찾았어. 이건 미국 동전이고, 이건 일본 동전이야. 우리나라 동전보다 작은 것도 있고, 큰 것도 있지?"

동전을 받아들고 이리저리 살펴보던 지범이는 대뜸 물었다. "엄마, 외국 동전에도 그림이 있어요. 돈에 왜 그림을 그리는 거예요?"

"동전에 그림을 그려 넣는 것은 돈의 앞면과 뒷면을 구분하기 위해서야. 그림이 있는 쪽이 앞이고, 숫자가 있는 쪽은 뒷면이지. 돈에는 그 나라를 상징하는 그림을 그려 넣는단다. 그래서 남극의 2달러짜리 지폐에는 펭귄이 그려져 있어. 시간이 흐르면서 돈에 그려지는 그림도 달라졌는데, 우리나라 옛날 돈에는 아기를 안고 있는 엄마의 모습도 있었다는구나."

"정말요? 이 돈에 있는 그림들을 가지고 그림책을 만들어야겠어요. 그림으로 그 나라를 표현하는 거예요. 재밌겠죠?" 돈에 대해 재미있는 발견을 한 지범이는 당장 그림책을 만들겠다며 쪼르르 방으로 달려갔다.

지범이가 좋아하는 모습을 보니, 나도 돈을 가끔 훌륭한 그림 작품으로 봐야겠다는 생각을 했다. 그러면 매일 "돈, 돈!" 하는 '돈의 노예'가 되진 않겠지…….

엄마 씀

나라마다 돈이 달라요!

중국 출장을 다녀온 아빠께서 중국 돈 '위안'을 주셨어요. 하지만 중국 돈으로 우리나라에서 물건을 살 수는 없답니다. 보통 한 나라의 돈은 다른 나라에서는 사용할 수가 없어요. 그래서 다른 나라로 여행을 갈 때는 은행이나 환전소에서 그 나라 돈으로 바꿔야 해요.

우리나라에서는 돈의 단위를 '원'으로 쓰는 것처럼 미국은 '달러', 영국은 '파운드', 일본은 '엔', 중국은 '위안', 독일이나 프랑스, 이탈리아 등의 유럽 여러 나라들은 '유로'라는 하나의 화폐 단위를 쓴답니다.

미국 영국

일본 한국

중국 유럽 여러 나라

다른 나라의 돈을 우리 돈으로 바꾸면?

미국의 달러	1달러 = 약 1천2백 원
영국의 파운드	1파운드 = 약 2천 원
일본의 엔	100엔 = 약 1천1백 원
중국의 위안	1위안 = 약 1백5십 원
유럽 12개국의 유로	1유로 = 약 1천4백 원

이렇게 한 나라의 돈과 다른 나라의 돈을 교환할 때, 돈의 시세를 '환율'이라고 해요. 환율은 돈을 교환하려는 사람의 많고 적음에 따라 달라진답니다.

* 위 환율은 2003년 11월 현재를 기준으로 반올림한 금액임.

유로(EURO)는 왜 만든 것일까요?

경제적으로 강국인 미국의 돈(달러)은 세계적으로 믿고 쓸 수 있는 힘을 가지고 있어요. 그래서 유럽의 여러 나라들은 이처럼 강한 힘을 가진 달러에 맞서기 위해 단일 화폐인 '유로'를 만들었답니다.

유로를 쓰는 나라들은 벨기에, 독일, 그리스, 프랑스, 아일랜드, 이탈리아, 스페인, 룩셈부르크, 네덜란드, 오스트리아, 포르투갈, 핀란드로 모두 12개 나라예요.

대통령의 월급

　세상에서 가장 멋진 직업은 뭘까? 디자이너, 선생님, 요리사, 대통령……. 모둠 활동 시간에 친구들과 토론을 했다. 지수는 요리사가 멋있다고 했다. 치훈이는 대통령! 그래서 커서 대통령이 될 거란다.

　그래, 치훈이 정도면 충분히 가능성이 있지. 공부도 잘하고 학급 반장 일도 멋있게 해내고 있으니까.

　"야! 대통령은 돈도 많이 못 번대. 박찬호나 박세리보다 더 못 번다고 우리 아빠가 그랬어." 지수가 말했다.

　대통령이 돈을 많이 버는 직업이 아니라는 사실에 아이들은 모두 놀라는 눈치였다. 올해 대통령 월급은 8백3십만 원 정도였고, 대통령 다음으로 높은 국무총리는 6백5십만 원 정도라고 한다.

　나는 대통령이 큰 회사 사장님들보다 월급이 적다는 선생님 말씀에 더 놀랐다. 대통령은 하는 일도 많고 우리나라에서 제일 높은 사람인데, 돈도 가장 많이 받아야 하는 게 아닐까?

윤아 씀

 # 저도 용돈이 필요해요

 난 기분이 나쁘다. 누나랑 같은 초등학생인데도 엄마는 날 유치원생 취급을 하신다. 용돈도 누나에게는 일주일에 4천 원씩 주면서 나에게는 과자 값이라고 5백 원만 주신다. 과자 값이라니! 진짜 기분이 나쁘다.
 그래서 오늘 '식구들에게 알리는 글'을 써서 냉장고 문에 붙였다.

〈지범이 가족들에게 알립니다〉

1. 저 정지범은 이제 의젓한 초등학교 2학년이에요. 지범이네 가족들은 저를 초등학교 학생으로 대우해 주세요.
2. 저에게도 과자 값이 아닌 용돈을 주세요! 저도 아껴서 잘 쓸 수 있어요.
3. 엄마와 누나에게 부탁하는데, 저를 '우리 집 강아지', '우리 아기'라고 부르지 마세요. '지범이'라고 이름을 불러 주세요.

엄마 아빠! 여기에서 제일 중요한 건 바로 '용돈'입니다요~

지범이 씀

# 용돈이 필요하다고?

지범이에게!

용돈을 달라는 우리 지범이의 편지를 보고 엄마는 아주 많은 생각을 했단다. 지범이가 아주 작고 여린 아기였을 때, 엄마는 '우리 아기 언제 클까?' 하고 조바심이 났었지. 그런데 어느새 이렇게 훌쩍 커 버렸구나. 엄마에게 너의 의견을 당당히 말할 줄도 알고 말이야.

용돈이 필요하다고? 그래, 지범이도 용돈이 필요한 나이가 되었구나. 우리 강아지에게는 얼마를 주어야 할까? 아참! '강아지'라고 부르지 말라고 했지? 엄마가 깜빡했네. 호호호~

용돈을 받기 전에 먼저 엄마와 약속할 게 있단다. 용돈을 받으면 어디에, 어떻게 쓸 건지 네 계획을 말해 주렴. 그런 다음 일주일에 한 번씩 받을 건지, 한 달에 한 번씩 받을 건지도 정해야겠지? 그리고 용돈기입장도 꼬박꼬박 써야 해. 할 수 있겠니? 용돈을 받게 되면 그 돈을 잘 관리하며 쓰는 방법도 배워야 하는 거란다.

　엄마는 초등학교 5학년 때부터 용돈을 받기 시작했지. 매주 내 돈이 생겨서 얼마나 기뻤는지 몰라. 용돈을 잘 모아 두었다가 갖고 싶었던 물건을 사기도 했어. 때로는 군것질로 용돈이 금세 바닥나 버려 쩔쩔매기도 했었지. 그럴 때면 돈을 아껴 쓰지 않았다고 외할머니께 혼나기도 했단다. 우리 지범이는 야무지니까 용돈을 헤프게 쓰진 않겠지?

　마지막으로 딱 한 번만 부를게. 우리 강아지야! 이 편지 보자마자 용돈기입장 가지고 엄마한테 얼른 달려오세요, 알았죠?

엄마 씀

누나는 구두쇠

"누나, 우리 아이스크림 사 먹자!"
"돈은?"
"난 돈 없는데……, 누나가 사 주라~"
"안 돼. 지금 돈 모으고 있는 중이란 말이야. 그리고 돈 함부로 쓰면 안 돼!"

누나는 정말 지독한 구두쇠다. 돈을 절대 안 쓴다. 무조건 꼭꼭 숨겨 두고 아끼기만 한다. 답답할 지경이다. 하나밖에 없는 동생에게 아이스크림 하나 사 주는 것도 저렇게 아까워하다니…….

"누나는 돈을 함부로 안 쓰는 게 아니라, 아예 안 쓰잖아. 구두쇠 같으니! 그렇게 돈을 안 쓰면 슈퍼 아저씨는 어떻게 돈을 벌어?"

"그건 지범이 말도 맞단다. 저축도 중요하지만, 사람들이 돈을 너무 안 쓴다고 생각해 봐. 물건을 만들어도 팔리지 않으니까 기업들까지 힘들어지게 되지." 아빠의 말씀에 나는 더욱 신이 나서 떠들었다.

"아빠 회사에서 옷을 만들었는데, 누나 같은 사람들만 있어서 옷을 안 사면요?"

그러면 일자리를 잃는 사람들이 생기고, 나라 살림이 점점 어려워질 거라고 말씀하셨다.

"바로 일본이 그런 경우지. 일본 사람들은 소비보다 저축을 더 많이 해. 그래서 경제 사정이 안 좋은 거란다." "아빠 말씀은 돈도 적당히 써야 경제가 살아난다, 그거죠?" 누나가 물었다.

"그렇지!"

"봐! 그러니까 동생에게 맛있는 것도 사 주고, 만화책도 빌려 주고 해야 경제가 사는 거야, 알겠어?"

"알았다, 알았어! 지범이 너한테 내가 졌다. 대신 오늘만이야?" 야호! 성공이다. 난 누굴 닮아서 이렇게 똑똑한 거지?

지범이 씀

# 용돈을 절약하는 7가지 방법

용돈을 절약하는 방법은 간단해요. '돈을 써야 할 때'와 '안 써도 될 때'를 구분할 줄 아는 거죠. 예전에는 돈을 아끼는 사람을 '구두쇠'라며 놀리곤 했어요. 하지만 요즘은 자기 돈을 잘 관리하지 못하고 펑펑 쓰는 사람들을 곱지 않은 시선으로 본답니다. 용돈을 절약하기 위한 7가지 방법을 실천해 보세요.

1. 용돈기입장을 꼭 쓰세요.
돈을 어디에, 어떻게 썼는지 알 수 있어요.

2. 모아 둔 돈은 은행에 맡기면 씀씀이를 줄일 수 있어요.

3. 지갑을 꼭 사용하세요.
주머니에 돈을 넣고 다니면 정확하게 얼마가 있는지 몰라서 씀씀이가 헤퍼져요.

4. 동전이라고 얕보지 마세요. 10원짜리 동전도 모으면 큰돈이 된답니다.

5. 물건을 살 때는 꼭 필요한 건지 한 번 더 생각해 보고 사도록 하세요.

6. 필요한 물건들을 미리 종이에 적은 다음 사러가세요. 그래야 충동 구매를 하지 않아요.

7. 한꺼번에 많은 돈을 가지고 다니지 마세요. 그날 쓸 돈만 적당히 가지고 다니세요.

저축은 남은 돈으로 한다?

저축은 다 쓰고 남은 돈으로 하는 게 아니에요. 용돈을 받으면 저축을 먼저 하고 남은 돈으로 계획을 세워서 쓰는 거예요. 용돈을 어디에 쓸지 금액을 정해 놓고, 그 이상은 쓰지 않는 습관을 들여야 해요. 예를 들어 용돈 중에 간식비로 1천 원을 쓰기로 정했다면, 절대 그 이상은 쓰지 않도록 절제할 줄 알아야 한다는 거죠. 용돈을 아껴쓰기 위해서는 계획에 따라 실천하는 것이 무엇보다 중요하답니다.

 맥도널드와 롯데리아

갑자기 웬 햄버거 타령인지, 지범이의 떼를 견디다 못해 아이들과 집을 나섰다.
"얘들아, 어디로 갈까?"
"맥도널드요!" "아냐, 롯데리아요!"
어디를 갈 것이냐를 두고 두 녀석이 토닥거렸다.
"아니, 이 녀석들이! 너희들 이렇게 싸우면 햄버거고 뭐고 없어!" "아, 아녜요. 아빠!"
"나 때문에 가는 거니까, 누나가 양보해."
둘은 쑥덕대더니, 지범이가 무슨 얘길 했는지 윤아는 지범이가 원하는 맥도널드로 가자고 했다.
"너희들, 같은 햄버거지만 맥도널드와 롯데리아가 왜 맛이 다른 줄 아니?" "서로 다른 데서 파니까 그렇죠!"

"그건 바로 브랜드가 다르기 때문이야. 햄버거 앞에 붙는 이름이 바로 '브랜드'라는 건데, 쉬운 말로 회사 상표를 말하는 거야. 햄버거 외에도 너희들이 알고 있는 브랜드 이름은 정말 많아. 운동화에는 나이키, 프로스펙스 등이 있어. 옷에도 마루, 지오다노, 체이스컬트 등이 모두 브랜드야. 기업들은 자신들의 브랜드 이름만 듣고도 사람들이 믿고 물건을 살 수 있도록 노력을 많이 하지. 그리고 사는 사람들이 많아지면 그 브랜드 가치도 따라서 높아지게 되는 거야. 그럼 세계에서 브랜드 가치가 가장 높은 제품은 뭘까?"

"아빠, 콜라요!"

"어? 지범이가 그걸 어떻게 알았어? 그래, 세계에서 브랜드 가치가 가장 높은 건 바로 코카콜라야. 세계적으로 코카콜라를 모르는 사람들은 별로 없지. 우리 아들 대단한데?" "아빠, 그게 아니고요. 햄버거에 콜라도 시켜 주시라고요~"

에구구!

 # 돈 벌기 힘들어!

　오늘은 중요한 일이 있는 날이다. 작전 개시! 자전거에 지범이를 태우고 새로 생긴 피자집으로 갔다.
　"아줌마, 오늘 오면 일 시켜 주신다고 했잖아요~ 한 번 해 보고 싶어요." 우리가 어려서 안 된다는 아줌마께 마구 마구 떼를 썼다.
　아줌마의 허락을 받아 내는 데 겨우 성공! 우리의 임무는 손바닥만한 종이를 아파트 현관문에 붙이는 일이다. 한 장 붙이는 데 10원!
　집과 반대편에 있는 아파트 단지로 갔다. 지범이가 투명 테이프를 떼어 주면 내가 종이를 현관문에 붙였다.
　"누나, 우리 그만 하고 집에 가면 안 돼? 나 콜라 마시고 싶다." 벌써 어두워지고 있었다. 다리도 아팠고 배도 고팠다. 하지만 맡은 일을 여기서 그만둘 순 없었다.
　"다 붙였어. 조금만 참아." 지범이를 달래가며 마지막 남은 것까지 겨우 붙이고 자전거를 탔다. 지범이도 나도 땀으로 옷이 흠뻑 젖어 있었다.

"수고 했다. 총 2백 장 돌렸으니까, 여기 2천 원!"
아줌마는 천 원짜리를 한 장씩 나눠 주셨다.

"아줌마, 저기 콜라 한 잔에 얼마예요?" 지범이가 물었다.

메뉴판을 쳐다봤더니, 으악~ 콜라 한 잔이 천 원!

목은 말랐지만 우린 참기로 했다. 땀 흘려서 번 돈을 콜라 한 잔으로 없앨 수는 없으니까.

돈 벌기, 정말 힘들구나……. 집으로 돌아오는 길에 자꾸 아빠의 얼굴이 떠올랐다.

윤아 씀

 # 돈 빌려 준다니까!

"엄마, 엄마! 이것 봐요. 돈이 더 많아졌어요~"

은행에 다녀오겠다고 집을 나섰던 윤아가 헐레벌떡 뛰어 들어왔다.

요즘 윤아는 은행 가는 재미에 푹 빠져 있다. 어린이날에 선물한 '어린이 통장'에 저축을 하기 위해서다. 어른들이 통장을 들고 은행에 가는 모습이 멋있어 보였나 보다. 그래서 통장을 만든 다음부터는 용돈을 더 아껴 쓰는 짠순이로 변했다.

"돈이 더 많아졌다고? 어디 보자. 이자가 붙었구나."

"이자라뇨? 이자도 돈이에요?"

"그럼! 네가 은행에 돈을 맡겼기 때문에 주는 돈이야. 은행은 돈을 맡아 주기도 하고, 돈이 필요한 사람에게는 빌려 주기도 하거든. 윤아의 돈을 맡아 두었다가 필요한 사람에게 빌려 주는 거지. 하지만 공짜로 빌려 주진 않아. 빌려간 사람은 돈을 빌려 쓴 대가로 얼마의 돈을 내는데, 그걸 '이자'라고 해. 그렇게 받은 이자를 은행과 네가 나눠서 갖게 되는 거란다."

윤아는 이해가 잘 안 되는지 머리를 갸우뚱거렸다. 그리고는 알겠노라며 쪼르르 자기 방으로 달려갔다. 조금 있다가 지범이와 윤아가 티격태격하는 소리가 들려왔다.

윤아가 지범이를 앉혀 놓고 돈을 빌려가라고 강요를 하고 있었다. 그래도 지범이가 넘어가질 않자, 협박에 떼까지 쓰고 있었다.

"너, 아이스크림 사 먹고 싶지? 내가 돈 빌려 줄게. 지범아, 제발 내 돈 빌려 가."

퇴근하고 들어오는 아빠에게도 윤아는 "아빠, 돈 필요하시죠? 제가 빌려 드릴게요." 하며 졸졸 따라다녔다. 아빠도 꿈쩍을 하지 않자, 드디어 내게로 왔다.

"엄마, 시장 볼 때마다 돈 모자란다고 그러셨죠? 제가 빌려 드릴게요. 얼마 필요하세요?"

어이쿠! 이거 잘못 걸렸다간 윤아한테 이자 내느라고 있는 돈 다 털리겠는걸. 호호호!

엄마 씀

 돈 없이 물건 사기

　오늘은 정말 정말 신나는 날이다. 학교에서 '도서기금 마련 바자회'가 있기 때문이다. 가방도 필요 없고 수업도 없다. 게다가 떡볶이, 핫도그, 김밥도 사 먹을 수 있다. 학교가 만날 이랬으면 좋겠다.
　나는 너무 많이 해서 싫증이 난 게임팩과 CD를 들고 '돈 없이 물건 사기' 코너로 갔다. '야구 글러브가 있을까? 그걸로 바꿀 수 있으면 좋을 텐데…….'
　그곳에는 자동연필깎이, 소형라디오, 손전등, 모자, 운동화 등 다양한 물건들이 정말 많았다. 바로 그때 야구 글러브를 든 어떤 형이 나를 쳐다보았다.
　"야! 너 뭐 찾고 있냐? 난 게임팩이 필요한데, 한번

보여 줄래?"

"어? 나도 야구 글러브 찾고 있었는데……." 그 형은 내 게임팩이 마음에 들었는지 글러브를 내밀었다.

"야호! 엄마, 나 야구 글러브 생겼어~" 누나와 떡볶이를 먹고 있던 엄마에게 달려갔다.

"정말 돈 없이 물건을 샀네!" 누나도 신기해하는 눈치였다.

"네가 원하던 것과 바꿔서 기분 좋겠구나! 그걸 바로 '물물 교환'이라고 하는 거야. 돈이 만들어지기 전에는 그렇게 물건을 사고팔았단다."

그것이 시장의 시작이었다고 엄마는 설명해 주셨다. 누나는 작아진 구두를 예쁜 손거울과 바꿨다.

"지범아!"

효수가 멀리서 손짓을 했다. 효수 손에는 야구공이 들려져 있었다. 자, 물물 교환한 글러브로 야구를 한번 해 볼까?

지범이 쌤

 # 조개껍데기가 돈이라고요?

화폐가 없었던 옛날에는 필요한 물건을 서로 교환했어요.
예를 들면 달걀과 토끼, 물고기와 새, 그릇과 곡식을 서로 바꾸는 거죠. 하지만 이렇게 물건을 교환하는 데는 운반이나 보관 등에 여러 가지 문제가 많았어요.

조개껍데기, 가죽, 옷감, 소금, 동물의 뼈 등이 돈처럼 쓰였어요.
혹시 여러분들 중에 엄마가 반지나 목걸이 같은 보석들을 패물이라고 부르는 것을 들은 적 있나요? 보석을 '패물'이라고 부르는 것도 바로 조개껍데기가 보석처럼 귀하게 쓰인 것에서 유래된 말이랍니다.

그 후 오랫동안 금, 은, 청동, 구리 등의 금속으로 돈을 만들어 사용했어요. 각각의 돈은 그 금속만큼의 가치를 가지고 있었죠. 당연히 금으로 만든 돈이 가장 큰돈이었겠죠?

오늘날 우리가 쓰는 지폐는 은행과 함께 태어났답니다. 지폐는 동전보다 더 큰 가치를 가지고 있어요. 동전 또한 여전히 사용하고 있지만, 예전처럼 금이나 은이 들어 있지는 않아요.

돈을 많이 만들면 안 돼요?

윤아가 갑자기 심각한 표정으로 "아빠! 돈을 많이 찍어서 가난한 사람들한테 나눠 주면 안 되는 거예요?" 하고 물었다.

엉? 갑자기 무슨 말이지? 아! 그러고 보니 저녁에 뉴스를 보면서 아내와 내가 했던 말을 들은 모양이다.

"정말 너무해요. 한쪽에선 집 한 칸도 없어서 길바닥에서 자는데, 어떤 사람들은 방학이라고 어린 아이들까지 해외 연수를 보내고……."

"그러게 말이야. 문제야, 문제! 요즘엔 없는 사람들이 더 힘들게 생겼어."

윤아는 왜 이럴 때 돈을 많이 만들어서 가난한 사람들을 도와주지 못하는지 궁금했던 모양이다.

"윤아야, 돈을 많이 만든다고 해도 가난한 사람들이 없어지는 건 아니야."

"왜요? 돈을 많이 갖게 되면 부자가 되는 거잖아요!"

"음, 어떻게 얘길 하면 좋을까? 우리나라는 한국은행

에서 돈을 만들어 내는데, 그곳에선 돈을 얼마나 만들어야 할지도 정한단다. 가난한 사람들이 많다고 만약 돈을 마구 만들어 내면 어떻게 될까? 나라 안에 돈이 너무 많아져서 돈의 가치가 떨어지게 되겠지? 그래서 라면 하나를 사는 데도 몇천 원씩 줘야 한다고 생각해 봐. 사람들은 너도나도 살기가 어렵다고 당장 난리가 날 거야. 결국 돈을 많이 만들어도 가난한 사람들이 어렵고 힘들기는 마찬가지란 얘기지."

"너무해요. 그러면 가난한 사람들은 매일 힘들게만 살아야겠네요?" 설명을 듣고 있던 윤아는 화가 나는 모양인지 입이 뾰로통해졌다.

"아니지. 그만큼 절약하고 열심히 일하면 잘살 수 있는 거란다."

윤아야, 네 말대로 가난한 사람 없이 모두가 다 행복하게 잘살면 얼마나 좋겠니? 아빠도 그렇게 되었으면 좋겠구나!

아빠 씀

경기가 나빠요

"아빠, 요즘은 출장 안 가세요? 전에는 외국에도 자주 가셨잖아요."

"경기가 나빠서 출장갈 일이 줄었네. 그러니까 지범이랑 놀 시간이 많아져서 좋잖아."

경기? 경제가 운동 경기를 한다는 말인가? 어른들은 자주 '경기가 좋다, 경기가 나쁘다.'는 말을 자주 한다.

"경기란, 여러 가지 경제 상태를 말하는 거야. 사람들은 경제 사정이 좋지 않으면 돈을 덜 쓰게 된단다. 그러면 회사들은 돈을 벌기가 힘들어지지. 그리고 일자리는 줄어들어 실업자들이 많아진단다."

설명하는 아빠의 얼굴이 금세 어두워졌다.

요즘 아빠가 힘들어하는 이유가 바로 '경기' 때문이었구나. 그것도 모르고 물총 사 달라, 게임기 사 달라 졸랐으니……. 난 정말 철들려면 아직 멀었나 보다.

아빠, 힘내세요!

지범이 씀

 # 물건 값은 어떻게 정할까?

큰길 건너에 있는 가게에 신발을 사러 갔다.

바퀴 달린 운동화를 사 달라고 징징거리던 지범이도 엄마의 설득에 두 손을 들었는지 조용해졌다.

"아저씨, 두 켤레 모두 살 테니까 싸게 해 주세요."

"남는 게 없어요. 신발 두 켤레 팔아서 얼마나 남겠어요?" 짠순이 우리 엄마는 절대 물러서는 법이 없다. 아저씨와 엄마의 실랑이가 한참 계속된 뒤, 두 분 모두 조금씩 양보를 하고서야 끝이 났다.

"아저씨, 돈 많이 벌고 싶으면 비싸게 팔면 되잖아요!" 지범이 말에 아저씨는 가게가 떠나가라 웃으셨다.

"물건이 아저씨 것이긴 하지만, 내 맘대로 값을 매길 수는 없어. 그렇게 맘대로 가격을 정하면 사람들이 어떻게 믿고 물건을 살 수 있겠니?"

정말 그렇구나! 그러면 물건 값은 어떻게 정해지는 걸까? 엄마와 아저씨처럼 사는 사람과 파는 사람이 실랑이를 해서 정하는 건가?

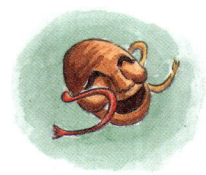# 물건 값은 고무줄놀이?

"엄마, 물건 값은 어떻게 정하는 거예요?"

운동화를 사러 갔다가 물건 값을 두고 주인 아저씨와 실랑이를 하던 모습을 본 윤아는 집에 오자마자 다짜고짜 물었다. 어떻게 설명해 주어야 할까? 요즘 윤아는 어려운 질문을 종종해서 내 진땀을 빼 놓곤 한다.

"우리 같이 알아볼까? 이건 윤아가 학교에서 만들었던 탈이지? 이걸 팔면 얼마를 받을 수 있을까?"

"음……, 정성껏 만들었으니까, 비싸게 팔아야죠!"

"탈을 만드는 데 쓰였던 '재료비'와 네가 정성껏 만든 '수고비'도 계산해야겠지? 그리고 다음에 또 만들 수 있도록 돈도 남겨야 하고. 이런 것들을 다 합해서 값을 정하는 거란다."

"그러면 내 마음대로 값을 정해서 팔면 되겠네요?"

"그럴 수도 있지. 하지만 네 것과 똑같은 탈을 다른 사람들도 만들어서 판다면 어떻게 될까? 그 사람들과 비교해서 턱없이 비싼 값을 부르면 팔리지 않을 거야. 그러니까 사는 사람과 파는 사람의 마음에 꼭 맞는 값을 정해야 하는 거란다."

"그러면 값을 정하기 어렵겠네요? 사는 사람의 마음을 초능력으로 볼 수도 없잖아요."

"호호호, 그렇지. 또 가격은 늘 고무줄처럼 변한단다. 윤아야, 너 '금치'라는 말 들어 봤지? 김장철에 배추를 사려는 사람은 많은데, 배추는 적어서 금처럼 비싸진다는 말이야. 하지만 반대로 배추가 비싸다고 너도나도 배추 농사를 지어서 배추가 넘쳐나게 되면 어떻게 될까? 배추 값은 금세 떨어지고 말겠지?"

"정말 물건 값은 고무줄처럼 늘었다 줄었다 하는 거네요? 나는 고무줄놀이 잘하는데. 헤헤헤!"

윤아와 나는 앞으로 시장에 갈 때마다 값을 꼼꼼히 따져 보기로 했다. 적당한 값인지, 아닌지 따져 보는 것은 우리 손에 달려 있으니까!

엄마 쌤

 반쪽을 잃은 돈

"누나, 은행에 따라가 줄 거지? 엄마한테는 비밀이야." 학교에서 돌아온 누나를 졸라 은행으로 갔다. 불에 타서 반쪽만 남은, 이모가 주신 만 원짜리 지폐를 가지고서…….

이게 다 효수, 그 녀석 때문이다. 돈에는 구리가 들어 있어서 잘 찢어지지도 않고, 타지도 않는다는 둥 그따위 말만 안 했어도 이런 일은 없었을 거다.

하여튼 엄마 몰래 이걸 새 돈으로 바꿔 놓아야 한다. 돈으로 장난을 친 걸 엄마가 아시면, 난 아마 살아남지 못할 거다.

"어디 보자. 돈이 반절 정도 남았네? 반액, 5천 원으로 바꿔 줄 수 있겠다. 조금만 덜 탔으면 1만 원 모두 찾을 수 있었을 텐데……." 은행 누나는 빳빳한 새 돈으로 5천 원을 줬다.

은행 누나가 그러는데, 불에 탄 돈은 남아 있는 부분이 4분의 3 이상이면 원래의 돈으로 바꿔 준다고 했다.

그리고 5분의 2 이상이면 반절만 찾을 수 있단다.
　　아무튼 아예 안 바꿔 주면 어쩌나 걱정했는데, 5천 원이라니! 정말 불행 중 다행이다.

지범이 씀

부자가 되려면…

"윤아야, 넌 용돈 얼마 받니? 정말 쩨쩨해. 일주일에 5천 원이 뭐냐?" 지수가 잔뜩 화난 얼굴로 물었다.

"준비물도 용돈에서 사는 거야?"

"야! 그 돈으로 어떻게 준비물까지 사?"

나는 지수보다도 적은 4천 원으로 준비물도 사고 가끔 알림장과 일기장도 사고, 그리고 과자도 사 먹고, 저금까지 하는데……. 그래도 난 돈이 모자란 적이 한 번도 없는걸.

"지수 너, 이번 주 용돈은 어디에 썼는데?"

"음료수 두 번 사 먹고, 떡볶이도 몇 번, 햄버거는 한 번, 초콜릿……. 에잇! 생각 안 나."

"휴~ 너 그렇게 먹는 데 돈을 많이 쓰니까, 다른 데 쓸 돈이 모자라지! 용돈기입장을 한번 써 봐. 나도 얼마 전부터 쓰고 있는데 재밌어. 내가 돈을 어디에 많이 쓰는지 알 수 있거든. 그래서 어디에서 절약해야 할지도 알게 돼."

내가 이번 주에 쓴 용돈은 지우개 5백 원, 일기장 5백 원, 색종이 5백 원, 아이스크림 5백 원, 지범이 심부름 값 1백 원, 저금 1천 원이다. 그리고도 9백 원이 남았다.

우리 집에서는 내가 제일 부자다. 엄마는 생활비 쓰느라 늘 돈이 모자라다고 하시지, 아빠는 엄마에게 용돈을 타 쓰는데, 항상 적다고 불만이시지. 그리고 지범이는 늘 빈털터리지.

후후후! 하지만 내 통장에는 항상 돈이 두둑! 그리고 용돈은 늘 계획대로 착착! 난 아무래도 큰 부자가 될 것 같다. 선생님이 그러셨거든, '부자는 적은 돈을 아껴 쓰는 것에서부터 시작된다.'고.

윤아 씀

# 용돈 관리는 이렇게!

용돈 계획 세우기

용돈은 정해져 있기 때문에 원하는 걸 모두 살 수는 없어요. 그래서 용돈을 어디에, 어떻게 쓸 건지 계획을 잘 짜야 해요. 계획을 세울 때는 몇 가지 지켜야 할 약속이 있답니다.

1. 항상 절약해서 쓴다는 마음을 가져야 해요.

2. 용돈의 일부는 저축하세요. 저축의 목표가 있으면, 훨씬 즐겁게 저축할 수 있죠.

3. 나보다 어려운 사람을 돕기 위한 '기부금 예산'도 정해 보세요.

4. 꼭 필요한 것과 그렇지 않는 것을 나눠서 돈을 쓸 순서를 정하세요.

용돈기입장 쓰는 방법

날짜: 날짜를 써 두어야 돈이 언제 들어오고 나갔는지 알 수 있어요.

수입: 들어온 돈의 금액을 쓰세요. 할아버지 할머니께서 명절에 주신 돈이나 심부름을 해서 받은 돈도 여기에 적으세요.

날짜	내용	수입	지출	잔액
3. 1	지난달 잔액			1,000
2	이번 달 용돈	5,000		6,000
10	은행에 저축		2,000	4,000
12	노트 2권 구입		1,000	3,000
17	할머니께서 주신 돈	2,000		5,000
21	박물관 견학 (차비 800원, 음료수 500원)		1,300	3,700
30	색종이 1개 구입		500	3,200
	이달의 잔액			3,200

내용: 들어온 돈과 나간 돈의 내용을 쓰세요. 돈이 어디에서 들어왔고 어디에 썼는지 그 내용을 말하는 거예요.

지출: 쓴 돈의 금액을 적으세요. 물건을 산 돈과 저축한 돈도 여기에 쓰면 돼요.

잔액: 남아 있는 돈에서 그날의 지출을 뺀 나머지 금액을 쓰세요. 수입이 있는 경우엔 남았던 돈에 합해서 계산하세요.

용돈기입장을 쓸 때는요!

용돈기입장은 남에게 보이기 위한 것이 아니라, 올바른 소비 생활을 하기 위해 적는 거랍니다. 용돈기입장을 쓰고 나서는 매월 용돈을 계획한 대로 잘 썼는지 확인하세요. 꼭 필요한 물건을 샀는지, 돈이 모자랐다면 왜 모자라게 됐는지 이유를 적고, 다음 달 용돈 계획을 세울 때 참고하세요.

 # 부자라고 다 행복한가, 뭐!

　소정이는 새침데기 범생이다. 그래서 늘 외톨이다. 이번 학기에 반장이 되면서 더 심해졌다. 하지만 난 소정이에게 친구가 되어 주고 싶었다. 그런 내 맘을 알았던 걸까? 소정이가 우리 반 아이 4명을 집으로 초대했다.

　학교가 끝나자마자 가방을 집에 두고 소정이네로 갔다. 교회 옆에 있는 하얀 이층집이라고 했다. 소정이네 집에 들어서자, 넓은 마당에는 《플란다즈의 개》에서 나오는 파트라슈 같은 하얗고 멋진 개가 우리를 반겼다.

　'와~ 내 소원이 마당 있는 집에서 큰 개를 키우는 건데……, 소정이는 참 좋겠다!'

　아주머니가 차려 주신 음식을 먹고 지하에 있는 방으로 내려갔다. 나무로 된 계단을 내려가자, 마치 영화관 같은 큰 방이 나왔다. 내 눈은 동그래지고 말았다.

　영화를 좋아하시는 아빠를 위한 방이라고 했다. 우리는 그곳에서 《해리포터와 비밀의 방》을 보았다. 정말 영화관같이 소리가 가슴까지 꽝꽝 울렸다.

'우리 아빠가 갖고 싶어 하던 기계들이 바로 이런 거였구나!' 나는 지범이와 내가 아기 때부터 보던 우리집 비디오가 생각났다. 다 망가져서 가끔은 매를 때려야 말을 듣는 우리집 비디오가…….

 돌아오는 길에 괜히 기분이 우울해졌다. '괜찮아! 나보다 부자라고 나보다 더 많이 행복한가, 뭐!'

 나는 자전거 페달을 더 세게 밟았다.

윤아 씀

 '내 것'과 '네 것'

내 것과 네 것으로 나누는 것을 '소유'라고 해요.
이런 소유가 언제부터 생겼는지 아세요? 원시 시대 때는 모든 것을 똑같이 나누어 가졌기 때문에 소유에 대한 개념이 없었어요. 그러다가 넓은 들에서 농사를 짓기 시작했는데, 이때부터 내 것과 네 것을 나누게 됐답니다.
이렇게 '소유'가 생기면서 '재산'을 갖게 되었고, 잘 사는 사람과 가난한 사람으로 나뉘었어요. 부지런히 농사를 지은 사람은 많은 곡식을 거둘 수 있었지만, 반대로 그렇지 못한 사람도 있었으니까요.

내 것과 네 것을 구분해서 좋은 점

자연을 함부로 망가뜨리지 않게 되었어요. 사람들은 주인이 없는 물건은 너도나도 함부로 쓰곤 했죠. 하지만 자기 것에 대한 권리인 '재산권'이 분명해지면서 남의 것을 함부로 망가뜨릴 수 없게 된 거예요.

내 것과 네 것을 구분해서 나쁜 점

재산권이 생기면서 사람들은 서로 힘을 모으고 돕기 보다는 자기 것을 지키고 늘리는 데만 정신을 쏟게 되었어요. 그러면서 크고 작은 싸움이 시작되었는데, 나라끼리 전쟁을 하는 일도 있답니다.

시소놀이 같은 주가

처제와 한참 통화를 하던 아내의 표정이 좋지 않다.
"왜? 처제에게 무슨 일이라도 있어?"
"제부 일이 요즘 어렵나 봐요."
증권 회사에 다니고 있는 동서 얘기다.
"하긴, 요즘 주식 시장이 어렵잖아. 경기가 좋아야 말이지. 워낙 오르락내리락 하니 누가 알 수 있겠어?"
"오르락내리락? 아빠! 이모부 일이 시소놀이랑 비슷한 거예요?" 아내와 내 얘기를 살짝 엿듣고 있던 지범이가 아는 척을 했다.
"저 녀석이! 너 어른들 얘기하는데 그렇게 끼어드는 거 아니라고 했지?"
"체! 시소놀이랑 비슷해서 아빠한테 물어본 건데, 엄마는 괜히 그래……."
아내의 야단에 지범이는 금방 풀이 죽었다. 녀석! 날 닮아서 궁금한 것도 많군.
"지범아, 이리 와 봐! 엄마가 지금 기분이 안 좋으신 거야. 아빠가 지범이가 알고 싶어 하는 시소 같은 주가에 대해 얘기해 줄게."

"주가란, '주식의 가격'을 말하는 거야. 이게 뭐냐면 회사들이 필요한 돈을 얻기 위해 만드는 증서 같은 건데, 이걸 산 사람에게 회사는 이익을 나눠 주게 돼. 그런데 받는 이익이 없거나 손해가 나면 사람들은 다른 주식을 사고 그 증서들은 팔단 말이지. 이런 일을 이모부가 있는 증권 회사에서 하는 거야. 사고파는 사람들에 따라서 주가도 올라가거나 내려가는 거지."

"음, 시소놀이하는 것처럼 말이죠? 하하하! 그럼 이모부가 다니는 증권 회사는 시소가 있는 놀이터나 마찬가지겠네요?"

"쉿! 엄마가 들으면 또 화내실라~"

어라? 근데 생각해 보니, 지범이 말에도 일리가 있군. 녀석, 역시 날 닮아서 똑똑하단 말이야. 흐흐흐!

 ## 세계 제일의 부자

　엄마는 누나랑 시장 보러 가고, 모처럼 아빠와 단둘이 남자들 세상이다. 아빠랑 팔다리를 쭉 뻗고 거실 바닥에 드러누웠다.
　"아빠, 세상에서 가장 부자는 누구예요?"
　"정지범의 아빠지!"
　"또, 또! 마음은 아빠가 세상에서 제일 부자라는 거 잘 알죠. 그거 말고 돈이 가장 많은 사람 말이에요."
　"마이크로소프트사의 CEO(최고경영자), 빌 게이츠가 전 세계에서 가장 돈이 많은 사람이야. 그 사람이 가지고 있는 돈이 올해 미국 돈으로 460억 달러, 우리 돈으로는 50조 원이 넘는대."
　우와, 엄청나다. 그 많은 돈을 관리하려면 정말 머리 아프겠다. 아쉽지만 난 CEO 자리는 사양해야겠다. 아빠처럼 마음만 부자로 살아야지.
　빌 게이츠보다 우리 아빠가 더 멋있으니까!

지범이 씀

비 오는 날의 우산

"할아버지, 많이 아프세요? 얼마나 놀랐다고요~"

사고 소식을 듣고 우리 가족은 한달음에 달려갔다. 할아버지가 사시는 동네는 시장 골목을 끼고 있어서 아빠는 늘 걱정스러워하셨다. 그런데 오늘 아침에 자전거를 타고 외출하시던 할아버지가 마주 오던 오토바이와 부딪쳐 사고를 당하신 거다.

할아버지는 다리에 깁스를 하고 계셨다. 병실에는 보험 회사 아저씨도 와 계셨다.

"할아버지, 병원비 문제는 저희 회사에서 다 처리했습니다. 몸조리 잘하시고 얼른 일어나셔야죠." 아저씨는 아주 친절하게 이것저것 설명을 해 주고 가셨다.

"이럴 때 보험이 요긴하구나. 가입해 두길 잘했지 뭐냐." 할아버지는 다친 다리보다 병원비가 더 걱정이셨나 보다.

언젠가 선생님이 '보험은 비 오는 날의 우산과 같다.'고 하신 말씀이 생각났다.

윤아 쌤

보험이 주는 힘

보험이란?

옛날에 할아버지 할머니들은 땅이 꺼질까, 홍수가 날까 늘 걱정을 하셨대요.
1년 동안 열심히 지어 놓은 농사를 다 망치게 되니까 걱정이셨던 거죠.
요즘은 이러한 자연 재해 말고도 다른 위험들이 많아졌어요. 비행기가 추락하고,
다리가 무너지고, 지하철에서 불이 나는 것 같은 사고 말이죠.
이런 만약의 사고로 인해 큰돈이 들어갈 경우를 대비해서 보험에 드는 거예요.
미리 일정한 보험료를 넣어 두었다가, 사고가 났을 때 도움을 받는 거죠.

보험에 들면 뭐가 좋아요?

교통사고를 당할 때를 대비해서 가입하는 보험은 대표적인 보험 상품 중 하나예요.
보험에 들었다고 교통사고를 막아 주지는 못해요.
하지만 교통사고로 다치면 보험금을 받아
치료를 할 수 있어서 경제적으로 힘이 된답니다.
물론 보험을 꼭 들어야 할 필요는 없어요.
보험이 아니더라도 앞으로 생길지 모를 위험에
금전적으로 미리 대비하는 것은
경제 생활의 중요한 한 부분이에요.

재미있는 보험 이야기

유명한 연예인이나 스포츠 선수들 중에는 특이한 보험에 든 사람이 많아요.
유명한 피아니스트 루빈스타인은 손을 보험에 들었고, 성악가인 마리아 칼라스는
목의 성대를 120억짜리 보험에 들었대요. 차범근 아저씨도 독일에서 활동하던
시절에 3억짜리 다리 보험에 들기도 했죠.
연예인이나 스포츠 선수들은 몸을 다치면 수입에 큰 손해를 보기 때문에
자신의 가장 중요한 부분을 보험에 들어서 사고가 났을 때를 대비하기도 한답니다.

 # 세금 잡는 귀신?

우리 엄마 지갑에는 늘 돈이 없다. 천 원짜리 몇 장이 전부다. 그래도 시장을 볼 때나 우리들 책을 살 때는 언제든 척척 값을 치른다. 도깨비 방망이처럼 늘 요술을 부리는 것이다. 그런데 알고 보니 그 비밀이 바로 '신용카드'에 있었다.

"엄마는 왜 카드로 물건을 사요? 카드 잘못 사용해서 빚더미에 앉은 사람들도 많다고 하던데……."

"우리 아들 참 똑똑하네? 엄마가 카드를 쓰는 데는 그만한 이유가 있어. 카드를 쓰면, 돈을 쓴 내용을 한눈에 알 수 있어서 계획성 있게 살림을 꾸릴 수 있거든."

무엇보다 좋은 점은 카드를 사용하면, 돈을 쓴 흔적이 확실히 남기 때문에 사람들이 세금을 떼먹을 수 없다고 한다.

"아하, 그래서 신용카드를 '세금 잡는 귀신'이라고 하는구나. 신용카드를 많이 사용하라는 말에는 바로 그런 이유가 있었군!"

지범이 씀

 # 아빠의 비상금

우리 집에 한바탕 소란이 일어났다. 아빠는 엄마를 졸졸 따라다니며 사정을 하고, 엄마는 이리저리 도망을 다니고…….

꼭꼭 숨겨 두었던 아빠의 비상금을 엄마에게 들키고 만 것이다. 불쌍한 우리 아빠!

"윤아야, 이걸 어떻게 할까? 스테이크나 먹으러 갈까? 아니면 엄마 예쁜 옷이나 한 벌 사 입을까?"

"우와, 그 돈으로 우리 에버랜드 가요~" 지범이까지 거들었다. 아빠는 발을 동동 구르면서 어쩔 줄을 몰라 했다. 저럴 때 보면, 아빠는 지범이랑 꼭 닮은꼴이다.

"안 돼, 안 돼! 그 돈은 비상 사태에 쓰려고 모아 둔 거란 말이야. 이 아빠 좀 봐주라. 나 그 돈 없으면 IMF 위기 상황에 빠질지도 몰라~"

내 생각에 아빠가 그 비상금을 돌려받기는 힘들 것 같다. 우리 엄마 손에 들어간 돈은 절대 나오는 법이 없으니까!

윤아 씀

 # 나라에도 비상금이 있어요?

"아빠, 비상금이 그렇게 중요한 거예요?"

비상금이 들통 났을 때 아내에게 체면 불고하고 애걸복걸하던 일을 윤아가 기억하고 하는 말이다.

아~ 아까운 내 비상금! 지금 생각해 보면 애들도 있었는데, 아빠 체면이 말이 아니다.

"그럼! 말 그대로 비상시에 필요한 돈인데 얼마나 중요하겠어? 비상금은 누구에게든 필요한 거야. 하물며 나라에도 비상금이 필요한데 말이야!"

"나라도 비상금이 필요해요?"

"그럼, 당연하지."

"왜요?"

"아, 그래! 우리 윤아는 아직 잘 모르겠구나. 아까 아빠가 비상금은 갑자기 필요할 때 쓰는 돈이라고 했지? 나라도 마찬가지야. 갑자기 외국에 진 빚을 갚아야 하거나, 수입하는 물건 값이 올랐을 때를 대비해서 어느 만큼의 외국 돈을 비상금으로 가지고 있어야 하거든. 이런 비상금을 '외환 보유액'이라고 해. 보통 미국의 달러같이 여러 나라에서 공통으로 쓰는 돈을 말한단다."

"만약 나라에 비상금이 없으면요?"

"위급할 때 이런 비상금이 없으면 어떨까? 심하면 나라 경제가 파산할 수도 있지. 어때? 비상금이란 정말 중요한 거지? 너희 엄마는 그것도 모르고, 참!"

"음, 비상금이란 건 정말 중요한 거네요~ 엄마가 정말 너무하신 것 같아요."

흠! 이 정도면 지난번에 망가진 아빠의 체면이 좀 세워졌겠지?

"아빠, 이거……."

자기 방에 들어갔다 나온 윤아가 꼬깃꼬깃 접힌 만 원짜리 지폐 한 장을 내밀었다.

"아빠 비상금으로 쓰시라고요."

뭐라고? 아! 마음이 왜 이리 착잡해지는 거지?

아빠 샘

IMF가 뭐예요?

IMF란?

세계 무역에 도움을 주기 위해 1944년에 설립된 국제 금융 기관이에요.
원래 이름은 '국제 통화 기금(International Monetary Fund)'인데,
줄여서 'IMF'라고 불러요.
무역을 통해 세계 여러 나라들의 경제 발전과 외환 부족 등을 해결할 수 있도록
도와주는 국제 경제 기구예요. 나라의 비상금인 외환 보유액이 급격히 줄어들어
경제가 아주 어려워지면 이곳에서 돈을 빌린답니다.
우리나라도 경제가 어려워져 IMF로부터 돈을 빌린 일이 있었어요.

경제 위기를 맞았을 때, 우리나라는…

1. 큰 회사들이 부도로 쓰러졌고, 실업자가 넘쳐났어요.

2. 경제가 어려워지면서 가난한 사람들도 많아졌어요.

3. 금 모으기 운동을 벌여 어려운 나라 경제를 살리려고 노력했어요.

4. 국산품을 애용하고, 외국 여행을 줄여서 외화 낭비를 없애려고 노력했어요.

경제 위기에서 벗어나려면?

경제 위기를 극복하고 해결하는 것은 단시간에 쉽게 이루어지는 것은 아니에요. IMF로부터 돈을 빌려 오면 당장의 어려움은 해결할 수 있어요. 하지만 그에 따르는 재정 긴축과 가혹한 구조 개혁 때문에 금리 상승, 경기 악화, 실업률 상승 등의 악순환으로 이어질 수도 있죠.
이렇게 한 나라에 큰 경제 위기가 닥치면 개인, 가정, 기업 모두가 함께 노력해야 어려움을 이겨 낼 수 있답니다.

1. 불필요한 해외 여행을 하지 않고 외국산 물건을 사지 않는 등 외화 낭비를 줄여야 해요.

2. 개인은 물론 가정에서도 필요 없는 소비를 줄여야 해요.

3. 저축을 많이 해서 어려워진 나라 경제에 힘을 실어 줘야 해요.

4. 기업이나 공공 기관에서도 경비를 줄이는 노력이 필요해요.

 # 시장 보기

　가끔 우리 가족은 저녁에 시장을 보러 간다. 무거운 물건들을 혼자서 들어야 하는 엄마의 수고를 덜기 위한 아빠의 생각이다.
　"엄마 아빠, 빨리 시장 보러 가요~"
　지범이가 저렇게 시장 보기를 좋아하는 이유는 따로 있다. 어른들이 물건을 사는 동안 1층 도서 코너에서 만화책과 공포 시리즈 책들을 실컷 볼 수 있기 때문이다.
　오늘도 지범이는 내가 데리러 가서야 보았던 책을 덮고 일어났다.
　"윤아야, 이 정도면 열흘은 배불리 먹을 수 있겠지?"
　"글쎄요, 지범이가 친구들을 얼마나 데려 오느냐에 달렸죠. 그치, 정지범?" 지범이는 못 들은 척 아빠와 함께 계산된 물건을 장바구니에 담았다.
　엄마와 나는 계산서에서 물건의 가짓수와 가격을 확인했다. 형광등, A4 복사지, 오렌지 주스, 과자, 아이스크림 등 우리가 산 물건들의 가격이 기다란 영수증에 가득 적혀 있었다.

앗! 그런데 이상한 점을 발견했다. 물건 값은 6만6천2백6십4 원이라고 적혀 있는데, 합계 액은 7만8백9십 원으로 돼 있었다.

"윤아가 참 꼼꼼하구나. 여기 상품 가격에 포함된 '부가가치세 4천6백2십6원'이라고 적혀 있지? 합계 액은 물건 값에 부가가치세를 더한 거야. 부가가치세란, 눈에 보이지 않게 물건에 붙어 있는 세금을 말한단다."

"그럼, 제가 공책이나 지우개를 살 때도 부가가치세를 낸다는 말이죠?" 엄마는 당연하다고 말씀하셨다.

오늘 시장 보기에서 새롭게 알게 된 건 과자나 아이스크림을 살 때, 대한민국의 모든 어린이들도 세금을 내고 있다는 놀라운 사실이다.

 세금은 어디에 쓰이나요?

집안 살림을 꾸려 가기 위해서는 돈이 필요하듯이 나라 살림에도 돈이 필요해요. 집안 살림은 부모님이 일을 해서 벌어 온 돈으로 쓰지만, 나라 살림은 국민들이 낸 세금으로 꾸린답니다.
세금은 국민뿐만 아니라, 기업들도 내고 우리나라에 들어와서 돈을 벌고 있는 외국인들도 내고 있어요. 세금은 나라를 지키고 국민들이 편안하게 살 수 있도록 돕는 데 쓰여요. 사회가 발전할수록 그만큼 쓸 곳도 많아진대요.
그럼, 세금이 어디에 쓰이는지 자세히 알아볼까요?

방위비

외국의 침략으로부터 나라와 국민을 지키기 위해 군대를 유지하는 데 사용해요.

경제개발비

도로, 배, 통신, 전기, 상수도와 하수도 등을 건설하여 나라를 경제적으로 튼튼하게 발전시키는 데 쓰여요.

사회개발비

생활이 어려운 사람을 도와주고, 국민을 각종 범죄로부터 보호하는 등 편안한 생활 환경을 마련하는 데 세금을 써요.

교육비

학교와 도서관을 세우고 어린이들을 교육시키는 일에도 세금이 쓰여요. 현재 초등학교와 중학교 교육은 이러한 세금으로 국가에서 무상으로 하고 있답니다.

 # 효도 쿠폰

요즘 우리 집 날씨는 계속 '흐림'이다.

아빠는 회사 일로 머리가 아프다며 자주 술을 드신다. 엄마는 아빠 걱정에 기운이 없으시다. 쇼핑도 잘 안 가시고 늘 집에서 책을 보거나 인터넷을 하신다. 엄마를 기운 나게 할 깜짝 이벤트가 없을까?

도화지를 잘라 쿠폰을 만들었다. 예쁜 그림도 그려 넣었다. 일명 '효도 쿠폰'이라고. 지범이 숙제시키기, 설거지하기, 구두 닦아 드리기, 부모님 안마해 드리기 등 모두 20장을 만들었다.

그 쿠폰을 보여 주면 언제든 거기에 적힌 일을 나에게 시키실 수 있는 거다. 거실에서 책을 보고 계신 엄마께 '효도 쿠폰'을 내밀었다. 엄마는 쿠폰을 한참 살펴보더니 아무 말 없이 나를 꼭 안아 주셨다. 엄마 냄새가 참 좋았다.

"엄마는 너무 행복하구나. 이런 소중한 선물을 받다니!" "정말? 난 돈 들여서 한 것도 아니라, 성의가 없는 것 같아서 걱정했는데…….”

"이것은 돈으로도 살 수 없는 아주 소중한 거잖니? 너의 맘이 담겨 있으니까. 그리고 사실 돈으로 환산을 해도 충분한 값어치가 있는 거야. 네가 노동력을 제공하는 거잖아." 엄마는 바로 나에게 한 장의 쿠폰을 건넸다.

'지범이 숙제시키기!' 으으으, 하필이면 골칫덩어리 쿠폰을……. 불쌍한 윤아! 오늘 저녁 시간은 모두 지범이에게 바쳐야겠군!

윤아 쌤

 # 아빠, 같이 놀아요

사랑하는 아이들에게.

요즘 엄마는 너희와 함께 '경제'를 알아 가면서 많은 걸 새롭게 깨닫고 있단다. 그동안 엄마는 경제를 '돈'으로만 연결 지어 생각했었지. 하지만 아주 중요한 걸 잊고 살았더구나. 일하는 것, 공부하는 것만큼이나 쉬는 것도 중요하다는 걸 말이야.

엄마는 전에 너희들이 쉬는 모습을 보면, 할 일 없이 빈둥댄다고 생각했단다. 열심히 놀아야 몸과 마음이 튼튼해져서 공부도 잘하게 된다는 걸 몰랐던 거야.

그래서 너희가 텔레비전을 오랫동안 보거나, 컴퓨터 게임을 많이 하거나, 놀이터에서 해가 지는 줄 모르고 놀면 잔소리부터 했지. 너희들이 숙제를 다 하고 노는 건데도 말이야.

그런 놀이보다 책을 읽는 게 더 좋다고 생각했거든. 무엇을 하든 너희들이 스스로 할 일을 다 하고 즐겁게 놀면, 그것으로 족하다는 걸 엄마가 미처 몰랐구나.

엄마는 요즘 아빠도 무척 걱정이 된단다. 갑자기 바빠져서 일요일에도 쉬지 못하고 일하는 아빠의 건강이 나빠질까 봐서…….

너희들이 아빠 얼굴도 보기 힘들다면서 볼멘소리를 할 때, 아빠한테 '일벌레'라고 부르면서 우스갯소리를 할 때, 엄마는 아빠가 안쓰러워서 마음이 아프단다. 물론 너희가 잘못했다는 건 아니야. 아빠와 놀고 싶어 하는 너희들 마음도 잘 아니까.

그래서 엄마가 너희에게 한 가지 부탁을 하려고 해. 우리가 아빠의 휴식을 찾아 드리자. 도울 일이 없는지 물어보고, 있으면 도와 드리자. 그래서 일요일만은 가족과 함께 시간을 보내실 수 있도록 말이야. 인라인스케이트를 타러 가거나, 가까운 공원에 산책을 가도 좋을 것 같지? 너희가 좋아하는 외식도 가끔 하도록 할게.

아빠를 애타게 찾는 우리의 마음을 보여 드리고, 힘을 실어 드리자.

엄마 씀

우리 동네가 좋아요

우르르~ 퉁탕! 쾅! 쾅! 무슨 소리냐고요? 물론 제가 집에 도착했다는 신호죠. 혼자 왔냐고요? 그럴 리가 없죠. 효수랑 기영이, 상민이. 오늘은 이렇게 셋만(?) 데리고 왔답니다!

친구들과 놀고 있는데 엄마의 목소리가 들려왔다.

"그럼 이사를 해야겠네요. 그렇게 큰돈을 어떻게 갑자기 만들어요? 남편과 의논해 보고 연락 드릴게요."

"야, 지범이 너네 이사 가냐? 너희 엄마가 그러시잖아!" "아니야, 엄마가 뭔가 잘못 아신 걸 거야."

그럴 리가 없다. 얼마 전에도 아빠는 절대 이사를 안 가겠다고 나랑 약속했는데…….

난 우리 동네가 좋다. 학교도 바로 우리 아파트 단지와 붙어 있어서 많이 걷지 않아도 된다. 그리고 큰 문방구가 2개나 있다. 그 문방구에서 파는 떡볶기와 컵 순대는 맛이 짱이다. 또 엄마가 싫어하시지만 오락기도 있고……. 가끔 우리 아파트 옆에 있는 공원에서 씽씽 자전거를 타는 것도 신나는 일이다.

우리 동네가 좋은 가장 큰 이유는 이곳에 친구가 많다는 것! 유치원 때부터 이 동네에서 살아서 내가 모르는 아이는 거의 없다. 그래서 아빠는 나를 '우리 동네 보안관'이라고 하신다.

거실에서 이야기를 나누는 엄마와 아빠의 분위기가 심상치 않다. 나는 눈을 꼭 감고 기도를 했다. '하느님, 우리 동네에서 계속 살게 해 주세요. 꼭이요!'

 # 엄마, 이사 가기 싫어요

"엄마, 나 슬픈 꿈 꿨어. 우리 집이 이사 가지 말라고 내 팔을 붙잡으면서 막 우는 거야. 불쌍해서 혼났어. 엄마, 우리 이사 꼭 가야 돼?"

잠에서 깬 지범이가 눈을 부비며 말했다. 꿈을 꾼 모양이다. 어제 애들 아빠와 이야기한 걸 들었나 보다. 아이들이 듣지 않도록 조심스레 이야기했는데, 언제 들었지? 화장실 갈 때 들었나?

집 주인에게서 전셋돈을 올려 달라고 연락이 왔었다. 그래서 이사를 가야 할지 애들 아빠와 의논을 했던 건데, 지범이 녀석, 눈치도 빠르지!

"이사 가기 싫어? 하지만 집 주인이 계속 돈을 더 내라고 하면 어쩔 수 없어."

"우리 집 주인은 엄마랑 아빠 아냐? 우리 이사 가지 말자, 응?" 떼를 쓰기 시작하는 지범이를 보자, 한숨이 절로 새어 나왔다.

"엄마랑 아빠는 집 주인이 아니야. 2년 동안 돈을 주고 이 집을 빌려서 살고 있는 거야. '전세'라고 들어 봤지? 집을 빌려 준 사람이 요즘 전셋돈이 올랐다고 돈을 더 내래. 엄마도 이사 가기 싫어. 하지만 집 주인이 돈을 너무 많이 올려 달라고 해서 싼 집으로 이사를 가려는 거야."

"그럼, 우리가 집을 사면 되잖아."

"그러면 얼마나 좋겠니? 하지만 지금은 엄마 아빠가 집을 살 만큼 돈이 없단다. 열심히 돈을 저축하고 있으니까, 우리도 곧 집을 갖게 될 거야. 그때는 이사를 안 가도 돼."

"그럼, 내 저금통도 엄마 줄게. 다 같이 모으면 더 빨리 집을 살 수 있잖아!"

저금통을 가지러 가는 지범이를 보니, 코끝이 찡해졌다. 집을 살 돈이 왜 없느냐고 떼를 쓸 줄 알았는데, 기특한 녀석……

엄마 쌈

 # 엄마는 파업 중

"정지범, 정윤아! 그리고 당신도 이거 읽어 봐요."
"어! 저게 뭐야? 파업? 엄마, 저게 무슨 뜻이에요?"
윤아를 비롯해서 식구들은 모두 눈이 휘둥그레졌다. 주방 앞에 써서 붙여 놓은 '파업'이라는 문구 때문이다.
"말 그대로야. 회사에서 약속한 것보다 일을 더 많이 시킨다든가, 쉬도록 해 줘야 하는데 일만 시킨다든가, 일에 비해서 월급이 너무 적으면 불만을 말해야겠지? 불만을 말하는 한 가지 방법이 일을 하지 않는 '파업'이야. 엄마가 지금 그거 한 거야!"
지범이는 한참 듣더니 대뜸 "엄마는 회사 안 다니잖아요! 근데 무슨 파업이에요?"라고 말했다.
"엄마도 가정이라는 회사에서 일하는 '가사 노동자'야. 그런데 엄마라는 직업은 월급이 없어. 엄마가 하는 집안일을 돈으로 계산하면 얼마인지 알기나 해? 자그마치 1백5십만 원이야."
남편과 아이들은 놀라는 눈치다. 이제야 분위기 파악

이 되나 보군!

"그런데 엄마한테 휴가가 있니, 월급이 있니? 아빠처럼 일 끝나고 집에 와서 쉴 수 있는 퇴근 시간도 없잖아. 엄마는 지금 너무 힘들어. 파업이야, 파업!"

응? 이렇게 열변을 토하는데도 왜 이렇게 조용하지? 자기들끼리만 쑥덕거리고 있잖아. 이럴수록 더 강하게 나가야 해. 엉? 저건 또 뭐야? 세 사람이 무릎을 꿇는 게 아닌가!

"우리 세 사람은 엄마의 영원한 종이에요. 딸랑딸랑, 용서하세요~ 헤헤헤!"

엄마 쌈

재미난 노동 이야기

노동이란?

옛날 사람들은 '노동'을 노예들이나 하는 거라며 매우 업신여겼어요.
또 목수나 대장장이처럼 힘을 많이 쓰는 일만 노동이라고 여겼죠.
하지만 머리를 써서 하는 철학이나 정치도 노동이랍니다.
노동, 즉 일을 하지 않는 사람은 거의 없어요. 일을 해야 돈을 벌고,
그 돈으로 경제 활동을 할 수 있기 때문이죠.

5월 1일은 노동자의 날

1886년 5월 1일, 미국의 한 공장에서 일하는 사람들이 참았던 불만을 터뜨렸어요.
하루 동안 일하는 노동 시간이 너무 길어서 노동자들이 화가 났던 거예요.
이 사람들이 주장했던 적당한 노동 시간은 하루 8시간이었어요.
이때부터 전 세계는 5월 1일을 '노동자의 날'로 정해서 기념하고 있죠.
그리고 세계 모든 노동자들은 하루 8시간씩만 일하도록
법으로 정하게 되었답니다.

일하는 시간이 줄면, 돈도 적게 받아야 될까요?

일하는 시간이 길다고 해서 일을 더 잘하는 것은 아니에요.
쉬지 않고 공부한다고 해서 성적이 쑥쑥 오르지 않는 것처럼 말이죠.
쉴 때는 충분히 쉬고, 일할 때는 최선을 다해 일해야 하는 거랍니다.
그러니까 일하는 시간이 줄었다고 해서 그 대가로 받는 돈을 줄이면 안 되겠죠?
열심히 일한 만큼 잘 쉬는 것도 중요하니까요.

# 공룡 대전

"윤아야, 돈이 얼마나 필요할까? 입장료, 차비, 그리고 간식비는 얼마나 줄까? 비상금도 조금 있어야지?"

"엄마, 돈 많이 필요 없어요. 간식비는 3천 원만 주세요. 음료수랑 간식 조금 사 먹으면 돼요~"

오늘은 친구들 4명과 함께 어린이 대공원에서 열리는 공룡 대전을 보러 가기로 한 날이다. 부모님 없이 이렇게 멀리 가는 것은 처음이라 조금 걱정되기도 하고, 설레기도 했다. 가슴까지 콩닥콩닥 뛰었다.

공원은 이미 사람들로 꽉 차 있었다. 우리는 서로 잃어 버릴까 봐 두 명씩 손을 꼭 잡고 다녔다.

전시장에는 영화에서나 보던 공룡들이 무시무시하게 서 있었다. 꼼꼼한 소정이는 벌써 수첩을 꺼내 들고 메모하기 시작했다.

전시장 한가운데에는 공룡 뼈를 완벽하게 조립해서 만든 거대한 티라노사우르스의 모형도 있었다. 우리는 놀라서 입이 딱 벌어졌다. 사람들 틈에 밀려서 들어가다 보니 재미있는 것이 우리를 기다리고 있었다. 공룡이 알에서 깨어나는 모습을 커다란 모형으로 만들어 놓은 것이다. 연기까지 피어오르게 해서 그럴듯해 보였다.

'와~ 지범이랑 같이 왔으면 깔깔대고 정말 좋아했을 텐데…….' 억지로 떼어 놓고 온 지범이가 생각났다.

사진도 찍고 실컷 구경을 하고 나니 슬슬 배가 고파왔다. 우리는 전시장 앞에 먹거리와 기념품들을 팔고 있는 곳으로 갔다.

"떡볶이가 1인분에 4천 원이야? 으악~" 우리는 모두 놀라서 기절하는 줄 알았다.

"난 집에 가서 밥 먹을래."

"그래, 그래! 우리 음료수나 사 먹자~"

모두들 의견 일치! 나는 지범이에게 줄 열쇠 고리를 한 개 샀다. 가게를 돌아서 나오는데 배꼽 시계가 자꾸 울어 댔다. 꼬르륵 꼬꼬륵! 소정이가 건네준 콜라를 한 모금 마셨더니 더 큰 소리로 울어 댔다.

꾸르륵 꾸꾸륵!

 # 떡볶이가 4천 원

"아휴! 배고파~ 뭐 먹을 거 없어요?"

아침에 친구들과 공룡 대전을 보러 간다고 나갔던 윤아가 들어오자마자 냉장고 문을 열며 울상이다.

"아니, 왜? 전시회 보고 친구들하고 간식 사 먹겠다고 했잖아. 아무것도 안 먹었어?"

"그러기로 했는데요. 거기서 파는 음료수와 떡볶이가 얼마였는지 아세요? 진짜 기가 막혀서……. 떡볶이 1인분이 4천 원이에요, 4천 원! 그렇게 비싸게 팔아도 되는 거예요?"

"저런! 상인들이 담합을 했구나." "담합이요?"

"그래, 담합! 상인들끼리 물건 값을 마음대로 정하는 거야. 그런 곳에선 물건을 살 수 있는 가게들이 많지 않기 때문에 가게 주인들이 서로 짜고 물건 값을 올려 받는 거지. 물건을 사야 하는 사람은 비싼 줄 알지만 어쩌겠어? 비싸니까 그곳에서 사지 않고 참든지, 아니면 손해를 보고도 사는 거지. 얼마 전에 휴가 갔을 때, 생각

안 나니? 그때도 바닷가에서 팔던 음료수 캔 하나가 1천 원, 1천5백 원 그랬었잖니?"

"맞다! 너무 비싸서 엄마도 깜짝 놀라셨죠."

"그래도 너무했구나! 너희들처럼 어린 학생들이 가는 그런 전시장에서도 담합을 하다니. 그래서 지금까지 아무것도 안 먹었단 말이야?"

"너무 비싸서 음료수만 먹었죠, 뭐!"

뭐라고? 어휴~ 저런 또순이! 모녀가 똑같다니까.

# 물가 때문에 속상해요!

"해도 해도 너무한 것 같아요. 도대체 물가가 얼마나 올랐는지……." 시장을 보고 들어온 아내가 바구니를 내려놓으며 한숨을 지었다.

"양파 한 망이 얼마인지 알아요? 3천6백 원이래요. 글쎄, 얼마 전까지도 1천8백 원이었는데, 그새 2배가 올랐지 뭐예요. 생활비는 만날 그게 그건데, 어디 겁나서 살 수가 있어야죠, 원!"

"그래도 필요하면 사야지, 웬 우는 소리야? 양파 값 올랐다고 양파 안 먹고 사나?"

생활비를 운운하는 아내의 말이 귀에 거슬려서 그만 마음에도 없는 소리를 하고 말았다.

"엄마! 맛있는 거 많이 샀어요?"

"넌 무슨 애가 만날 맛있는 거 타령이야? 먹는 거 밝히는 건 아빠랑 똑같다니까."

방에서 나오던 지범이가 심상치 않은 분위기를 느꼈는지 내 옆으로 다가와서 귀 속에 속닥거렸다.

"아빠! 엄마 왜 그래요? 무슨 일 있었어요?"

"그래, 임마! 물가가 너무 올라서 엄마가 무서워서 못 살겠단다."

"예? 물가가 그렇게 무서운 거예요?" 지범이의 놀란 토끼 눈이 우스워서 그만 피식 웃음이 터져 나왔다.

"지범아, 엄마가 무서워하는 물가는 쉽게 말해서, 물건들의 가격을 모아 놓은 거야. 같은 물건이라 해도 물가가 오르면 돈을 더 많이 줘야 살 수 있단다. 반대로 물가가 떨어지면 물건을 싸게 살 수가 있지. 물가가 많이 오르면 돈이 더 필요하게 되니까, 생활은 자꾸 어려워지는 거야. 엄마가 왜 속상해 하는지 이제 알겠지?"

"네, 그런데 아빠는 왜 속상해 하는 건데요?"

휴~ 네가 어찌 알겠냐? 이 아빠의 맘을!

아빠 일이 잘되면 네 엄마가 양파 한 망에 저렇게 우는 소리를 하겠냔 말이다.

아빠 삼

 감자 한 개 = 1백만 원?

만약 감자 한 개를 사는 데 1백만 원이나 줘야 한다면 어떨까요?
실제로 1차 대전 후, 독일에서는 우유나 감자처럼 생활에 필요한 물건들을 사기 위해 수레에 돈을 가득 싣고 가서 사 오는 경우가 있었답니다.

인플레이션

물가는 오르기도 하고 내리기도 하죠. 하지만 물가가 내리지는 않고 계속 오르기만 하는 것을 '인플레이션(인플레)'이라고 해요.
모든 물건의 가격들이 한꺼번에 오르면 생활에 필요한 물건들을 사기 위해 더 많은 돈이 필요하겠죠? 그러면 당연히 돈의 가치는 그만큼 떨어지게 된답니다.
인플레이션이 발생하면 대부분의 가정 살림은 점점 더 어려워지게 돼요.

디플레이션

물론 반대의 경우도 있어요. 시장에 나온 물건들이 너무 많아서 가격이 지나치게 떨어지는 것을 '디플레이션(디플레)'이라고 하죠.
물건도 많고, 물건 값 또한 시간이 갈수록 점점 더 떨어진다고 하면 어떻게 될까요?
사람들은 당장 필요한 것이 아니면 물건 값이 더 떨어진 뒤에 사려고 할 거예요.
그렇게 되면 물건 값은 자꾸 떨어지고, 돈의 가치는 점점 더 높아지는 거죠.
결국 공장이나 회사에서는 더 이상 물건을 만들려고 하지 않을 거예요.

우리 몸에 피가 잘 돌지 않으면 병이 생기는 것처럼 돈이나 소비, 생산이 적절하게 이루어지지 않으면 경제도 그만큼 어려워진답니다.
즉 '인플레이션'은 물건의 공급량이 사람들이 필요로 하는 양보다 적어서 물가가 오르는 것이고, '디플레이션'은 물건의 양이 사람들이 원하는 것보다 많아서 가격이 떨어지는 것을 말해요.

1쇄 - 2003년 11월 20일
11쇄 - 2012년 9월 20일
글 - 박진숙, 조은주, 김미경
그림 - 오경미
발행인 - 허 진
발행처 - 진선출판사(주)
편집 - 이미선, 최지선, 차슬아, 이승주, 권지은
디자인 - 안중용, 김연수, 이상량, 고은정
마케팅 - 이종상, 강경희, 이한나
총무 - 라미영, 이영원
제작·관리 - 유재수, 김영민
주소 - 서울시 종로구 팔판동 88번지
　　　대표전화 (02)720-5990 팩시밀리 (02)739-2129
　　　홈페이지 www.jinsun.co.kr
등록 - 1975년 9월 3일 10-92

* 책값은 뒤표지에 있습니다.

글 ⓒ 박진숙·조은주·김미경, 2003
그림 ⓒ 오경미, 2003
편집 ⓒ 진선출판사, 2003
ISBN 978-89-7221-397-0 73810

진선아이 는 진선출판사의 어린이책 브랜드입니다.
마음과 생각을 키워 주는 책으로 어린이의 맑고 건강한 성장을 돕겠습니다.